İTAƏT
LÜTFÜ

Bütün ayələr Müqəddəs Kitabın Azərbaycan dilinə tərcüməsindən götürülmüşdür.

B30AZE2k

Derek Prince Ministries
P.O. Box 19501
Charlotte, NC 28219
USA
www.derekprince.com

ITAƏT LÜTFÜ
Derek Prins

Bakı 2016

ISBN 978-1-78263-439-3

Mündəricat

GİRİŞ

Həyatda bəzi şeylər var ki, bir məsihçi kimi biz heç vaxt onlara itaət etməməliyik. Güman edirəm ki, heç vaxt iblisə itaət etməməliyik, çünki Müqəddəs Yazı deyir: "...İblisə qarşı durun və o sizdən qaçacaq". Həmçinin, güman edirəm ki, heç vaxt günaha itaət etməməliyik, çünki Romalılara Məktubun altıncı fəsli bizə deyir ki, üzvlərimizi günah üçün işlətməyək. Lakin həyatımızda elə vəziyyətlər baş verir ki, biz yalnız itaəti öyrənəndə onlar həll olunur.

İtaət etməyi bacarmaq... Bunu mən özümdə və başqalarında qiymətləndirdiyim yetkinliyin xüsusiyyəti hesab edirəm. Bir dəfə mən Allahın çox xeyir-dua verdiyi bir gənc vaizə qulaq asırdım. O, yaxşı adam idi və Allah ona böyük bərəkət vermişdir. Lakin vəzinin mövzusu yalnız öz bacarıqlarından ibarət idi. O, hamısını düzgün və yaxşı deyirdi. Mən isə öz-özümə düşünürdüm: "Qardaş, maraqlıdır, bunlar bitəndən sonra nə edəcəksən?" Rəbdə həmişə bacarığımızın tükəndiyi bir son nöqtəyə gəlib çatırıq. Mən cismani imkanımız və ya təhsilimiz sayəsində nail ola biləcəklərimizdən danışmıram; hətta Allah tərəfindən bizə verilən xidmətdə Allahın planına uyğun olaraq biz aciz olduğumuz vəziyyətə gəlib çıxırıq. Bəzi adamlar isə bunu heç vaxt dərk etmir.

Mən sizinlə bir çox il boyunca Allahın mənimlə apardığı işin nəticəsi ilə bölüşürəm və əminəm ki, Allah məndə apardığı bu işi hələ bitirməmişdir. "İtaətin lütfü" və bunun məsihçi həyatında əhəmiyyəti barədə Müqəddəs Yazıdan və həyatdan bir neçə nümunə gətirmək istəyirəm.

1

RUHANİ GÜCÜN ÖLÇÜSÜ

Əvvəlcə mövzumuza aid tədqiq edəcəyimiz ayəyə nəzər salaq:

"Biz imanı güclü olanlar imanı gücsüz olanların zəifliklərinə dözməliyik və yalnız özümüzü razı salmamalıyıq" (Rom.15:1).

Məncə, bu, Müqəddəs Yazıda gücün tərifidir. Bu, sizin edəcəyiniz işlərə deyil, başqalarının zəifliyinə dözə biləcəyinizə aiddir. Adam öz imkanlarında, öz xidmətində, öz təcrübəsində, bütün cavablara malik olmasında güclü olanda özündən məmnun olur. Əslində isə bunun üçün çox ruhani güc tələb olunmur. Ruhani güc başqalarının zəifliklərinə dözmək üçün tələb olunur.

Hesab edirəm ki, ruhani gücü ölçən Allahdır və Müqəddəs Yazılara görə, ruhani güc başqa adamların zəifliklərini dəstəkləməyimizdən və daşımağımızdan asılıdır. Bu, şəxsən mənim üçün heç vaxt asan olmayıb.

Bu isə indiki dövrün ruhuna tam ziddir. Bu dövrün ruhu deyir: "Özün üçün bacardığını əldə et. Qoy zəif özü öz qeydinə qalsın".

Bu yaxında çox dəhşətli və mənfur şər hesab etdiyim abort barədə fikirləşirdim. Lakin siz bu barədə adamlarla danışsanız, onlar buna haqq qazandıracaqlar, çünki abort nəticəsində bir çox arzuedilməz uşaq dünyaya gəlmir; bu, qanunsuz və ya problemli ailələrdə, yaxud qeyri-münasib anaların uşaqları ola bilər. Onlar dünyaya gəlməzdən əvvəl biz onları sadəcə öldürürük. Ali Məhkəmənin və ya başqa bir kəsin sözlərindən savayı, öz təcrübəmdən bilirəm ki, Allah bunu qətl adlandırır. Müqəddəs Yazı bunu aydın göstərir.

İndi isə aydın etmək istədiyim budur: özümüzə uyğun olanı düzgün hesab etməyə başlayanda aşağı, dəhşətli nizamsızlığa aparan sürüşkən yola çıxırıq. Çox, çox tezliklə başqa problemlər yaranır: "Bəs ümidsizcəsinə əlil doğulmuş uşaq heç vaxt düzəlməyəcəksə, onda necə? O uşağı sağ saxlamağa səbəb varmı?"

Kaliforniya ştatında ümidsiz əlil doğulan uşağı qəsdən yedizdirməyən valideynlərin məhkəmə işinə baxılırdı: onlar uşağa ölmək üçün sadəcə imkan yaratdılar. Əlillər ilə məsələni həll edəndən sonra qocaların, ruhi xəstələrin məsələləri qarşıda durur və s. İnsanpərvərlik adı altında onlar bir-birinin ardınca yox olacaqlar.

Mən bu həllin məsihçi olmadığını göstərmək istəyirəm. Bu, məsihçi cavabı deyildir. Sadəcə, abort Allah tərəfindən qadağan edildiyinə görə deyil, həmçinin bunun arxasında qeyri-məsihçi münasibət olduğuna görədir. Bir məsihçi kimi, biz zəifi yox etmirik. Daha onlar barədə eşitməmək və ya onların qeydinə qalmamağımız üçün hətta onları bir müəssisəyə də göndərmirik.

Birinci əsrdə yaşayan məsihçilərin fərqləndirici xüsusiyyətlərindən biri zəifin qeydinə qalmaları idi. Onlar xəstənin qeydinə qalırdılar. Onları "ləğv" etmirdilər. Məhz bu da qədim dünyaya böyük təsir göstərdi. Onlar başa düşə bilmirdilər: axı, xeyir verə bilməyən və təkcə yük olan adamlar üçün bu məsihçilər niyə narahat olurdular? Mən isə belə nəticəyə gəlmişəm ki, əgər biz yük olan insandan özümüzü azad ediriksə, bu, güc deyil, zəiflik əlamətidir.

Məhz yük olan adamlar, əlillər, acizlər, zəif imanlılar bizim ruhani gücümüzün sınağıdır. Əlbəttə, Birləşmiş Krallıqda və həmçinin başqa ölkələrdə müəyyən edilmiş standartlara görə yaşamağı özümüzə rəva görə bilmirik. Əgər mən məsihçiyəmsə, mənim birinci istəyim yük olan insandan qaçmaq olmamalıdır; bütün hərəkətlərim qanuna uyğun olmalıdır. Mənim birinci istəyim etdiyim hər bir işdə İsa Məsihi izzətləndirməkdir. Biz Məsihə məqbul həyat yaşamağa çalışanda ətrafdakılardan fərqli həyat tərzinə gəlib çıxacağıq. Biz çoxlu doktrina ilə boşboğazlıq etməyəcəyik, çünki İsaya məqbul həyat bizi fərqli edəcək.

2

ÖZÜMÜZÜ İNKAR ETMƏK BARƏDƏ

Paul deyir: "Biz …yalnız özümüzü razı salmamalıyıq". Bilirsiniz mən nə öyrənmişəm? Mən öyrənmişəm ki, Allaha məqbul olan xidməti edəndə özümü razı salmaq məqsədim olmur. Mən bunun qaçılmaz qayda olduğunu aşkar etmişəm: hər dəfə mən özümü razı salmağa çalışanda Allahı razı salan bir şey etmirəm. İlk növbədə mən özümü inkar etməliyəm. Daxilimdə öz hüquqlarını həmişə müdafiə edən xudbinliyim deyir: "Mən istəyirəm… mən arzulayıram… mən hiss edirəm… mən fikirləşirəm… məndən soruşsanız… mən xoşlayıram…". Bu xudbinliyi inkar etmək gərəkdir. Mən ona "xeyr!" deməliyəm.

Özünü inkar etmək böyük bir problem deyil; özünüzü inkar etmək sadəcə "xeyr!" deməkdir. Əməldə deyil, yalnız sözdə özünüzə "xeyr!" deməkdə davam etsəniz məsihçi həyatı yaşaya bilməzsiniz. Siz həm özünüzü, həm də Məsihi razı salan kəs ola bilməzsiniz. Bu, qeyri-mümkündür.

Luka 9:23-də İsanın sözlərinə nəzər salın:

"Əgər bir kəs Mənim ardımca gəlmək istəyirsə, özündən imtina etsin və hər gün çarmıxını götürüb ardımca gəlsin".

İsanın ardınca getməyi qərara alanda siz ilk növbədə nə etməlisiniz? Bu, birinci addımdır. Siz nə etməlisiniz? Özünüzdən imtina etməlisiniz. Bu qərarı qəbul etmədən siz İsanın ardınca gedə bilməzsiniz. Sonra İsa davam edir: "…və hər gün çarmıxını götürüb ardımca gəlsin".

Mən "hər gün" sözünü heç vaxt xoşlamamışam. Uzun müddət ərzində Luka 9-da olan bu ayə barədə düşünmüşəm, çünki "hər gün" sözünü daxil etməyən başqa ayə barədə bilirdim.

Mat.16:24-də eyni ayə təkrar olunur, ancaq "hər gün" sözü burada yoxdur. O vaxt mənim ilahiyyatımın və təlimimin əsasında çarmıxın "bir dəfə və həmişəlik" xüsusiyyəti var idi; bu, tam düzgün və ilahiyyata uyğundur. Ancaq bu, fikri tam çatdırmır. Luka 9:23-də İsa "hər gün" sözünü daxil edir. "...hər gün çarmıxını götürüb ardımca gəlsin". Məncə, "hər gün" – çarmıxını götürmək imkanı olan hər məsihçiyə aiddir. Bu imkandan istifadə etsəniz gününüz qələbədə keçəcək. Bu imkanı əldən buraxsanız, gününüz məğlubiyyətdə keçəcək.

Bəs, sizin çarmıxınız nədir? Bir vaiz deyirdi: "Çarmıxda sizin iradəniz Allahın iradəsinə zidd olur". Çarmıxda siz ölə bilərsiniz. Çarmıxda siz həyatınızı qurban verə bilərsiniz. İsa çarmıxa gedəndə dedi: "Canımı Məndən heç kəs ala bilməz, amma onu Özüm verirəm. Onu verməyə də, yenə geri almağa da ixtiyarım var... ". Yəni heç kəs sizdən həyatınızı almaz. Həyatınızı könüllü qurban verməsəniz, həyatınız sizi idarə edəcək.

Əziz qardaş, sizin çarmıx həyat yoldaşınız deyil. Əziz bacı, çarmıx sizin əriniz də deyil. Çarmıx sizin seçmədiyiniz və sağala bilmədiyiniz xəstəlik də deyil. Çarmıx – özünüzü razı salmaqdan imtina etdiyiniz yerdir.

Öz təcrübəmdən deyə bilərəm ki, daxili mübarizə zamanı insan düzgün qərar qəbul edəndə xeyir-dua gəlir; və yalnız bundan sonra xidmət etməyə qadir olur. Mən özümü razı salanda xidmət edə bilmirəm. Məndə yaşayan köhnə xudbinlik başqasına heç nə verə bilməz. Allahın xidməti mənim həyatımda baş versin deyə xudbinliyi aradan qaldırmaq gərəkdir. İsa da bizə xatırladır: Siz bunu hər gün etməlisiniz.

Gün ərzində siz və mən dəfələrlə elə vəziyyətə gəlirik ki, Allahın iradəsi və bizim iradəmiz bir-birinə zidd olur. Bunu fəlakət kimi deyil, Allah tərəfindən verilən bir imkan kimi qəbul etməliyik.

3

MƏSİHİN RUHU

Hər gün çarmıxı götürmək və özündən imtina etmək prinsipi təbii düşüncəmizin tam əksidir. Buna aid iki Müqəddəs Yazı ayəsini nəzərinizə çatdırmaq istəyərdim. Birincisi 1Kor.1:25-dir:

"Allahın "ağılsızlığı" insan müdrikliyindən daha üstündür, Allahın "zəifliyi" insan gücündən daha güclüdür".

Bu, bir paradoksdur! Allahdan gələn bir zəiflik var ki, bu da bizim malik olduğumuz istənilən gücdən daha böyükdür. Allahdan gələn ağılsızlıq var, bu da bizim malik olduğumuz istənilən müdriklikdən daha üstündür. Bir yer var ki, burada Allahın zəifliyi və ağılsızlığı özünü tam göstərir, O Yer haradır? Çarmıx! Çarmıxın zəifliyi və ağılsızlığında Allah bu dünyanın bütün müdrikliyi və bütün gücü üzərlərində qələbə çaldı. Allah sizdən və məndən belə zəifliyi və belə ağılsızlığı öyrənməyimizi istəyir.

Güclü şəxsiyyət olmağa heç vaxt çalışmamışam. Allah mənə xeyir-dua vermişdir və mənim malik olduğum gücdən istifadə etmişdir. Lakin Allah bunun məni gətirəcəyi yeri mənə göstərmişdir. İstəsəm, mən orada dayana bilərəm. Mən daha uzağa getməyə məcbur deyiləm. Bu mərhələdə bəzi adamların və xidmətlərin dayandığını görmüşəm.

İndi isə gəlin bu mövzuya aid başqa ayəyə nəzər salaq:

"Allahın Ruhu sizdə yaşayırsa, siz cismani təbiətdə deyil, Ruhdasınız. Kimdə Məsihin Ruhu yoxdursa, o adam Məsihə məxsus deyil" (Rom.8:9).

Bu ayədəki tərcümədə istifadə edilən durğu işarələri bir qədər qəribədir. Ayə nöqtə ilə ayrılan iki cümlədən ibarətdir. Ayələri mən bölsəydim, bu iki cümlənin hər birini ayrı ayədə yerləşdirərdim. Ayənin birinci yarısı "Allahın Ruhu", ikinci yarısı isə "Mə-sihin Ruhu" haqqında danışır. Bunların arasında istənilən fərqi qoymaq istəmirəm; lakin güman edirəm ki, bunlar Allahın təbiə-tini fərqli yol ilə təmsil edirlər.

Müqəddəs Yazıda "Allahın Ruhu" və "Müqəddəs Ruh" eyni-dir. Bu, Allahın Üçüncü Şəxsinin rəsmi adıdır – Ruh olan Allah; O, Ata və Oğul ilə bərabərdir və Allah kimi birinci şəxsdə danı-şır. Məsələn, Həvarilərin İşləri 13:2-də Müqəddəs Ruh Antakyada imanı cəmiyyətinin rəhbərlərinə müraciət edərək dedi: "Barnaba ilə Şaulu Mənim tapşırdığım iş üçün ayırın". Burada Allah Özü – Ruh olan Allah birinci şəxsdə Allah kimi danışaraq Özü barədə "Mən" əvəzliyindən istifadə edir. Burada güc və səlahiyyət xüsu-silə vurğulanır.

Digər tərəfdən, güman edirəm ki, "Məsihin Ruhu" İsa Məsi-hin həyatında göstərildiyi kimi, xüsusilə ilahi təbiəti təqdim edir. Bu, İsanın təbiətindən və şəxsiyyətindən ayrıla bilməz. Paul bizə deyir ki, məhz bu Ruh Allahın həqiqi övladını möhürləyir: "Kim-də Məsihin Ruhu yoxdursa, o adam Məsihə məxsus deyil".

Əslində bunu həyatda çox gördüyümü güman edirəm: Müqəd-dəs Ruhda vəftiz olan, dillərdə danışan, möcüzələr göstərən, an-caq Məsihin Ruhunu az və ya heç göstərməyən bəzi adamlar var. Bizi Allaha məxsus edən dillərdə danışmaq, möcüzələr göstər-mək, ecazkar vəzlər etmək deyil. Bizi Allaha məxsus edən Mə-sihin Ruhuna malik olmağımızdır. Məsihin Ruhunun nəyə bən-zədiyini məndən soruşsalar deyərdim ki, bu, həlim Ruhdur; bu, fağır Ruhdur; bu, mülayim Ruhdur. Əlbəttə, bu Ruh təkəbbürlü, lovğalanan, inadlı ruh deyil. Məncə, Allahın əsl övladını məhz bu – Məsihin Ruhu fərqləndirir.

Varisliyinizi iddia etmək və sizə mənsub olanı əldə etmək barədə çox vəz eşidirik. Mən özüm "Ey sevimli, dua edirəm ki, canın uğurlu olduğu kimi özün də hər cəhətdən uğurlu və sağlam olasan" ayəsinə əsasən bu barədə xeyli vəz etmişəm (3Yəh.1:2). Şü-kür Allaha, mən buna inanıram! Ancaq bilin ki, Allahın gözündə siz öz hüquqlarınızı tələb etmək ilə uğurlu olmursunuz. Məsihin Ruhu Öz hüquqlarını tələb etmirdi. Mən güman edirəm ki, rifah, sağlamlıq, daxili sakitlik və xoş güzəran yeni məxluqun hüquqlarıdır; ancaq bunlar köhnə təbiət tərəfindən öz eqoist məqsədləri üçün dəfələrlə qeyri-qanuni mənimsənilir.

Bu gün mən adamların "Qardaş, sadəcə iddia et" sözlərini eşidəndə, səksənirəm. Bu sözləri eşidəndə öz hüquqlarını tələb edən xudbinliyi təsəvvür edirəm.

Həmişə "sadəcə iddia edən" adam ilə yaşamağı hansınız həqiqətən istəyərdiniz? İddialarımın hamısının tamamilə qanuni olmasına baxmayaraq, Məsihdə öz varisliyimi qanuni tələb edərkən daxildə mən yorğun insan oluram.

Məsihçiləri necə sağlam olmaq, necə uğurlu olmaq barədə daim öyrətməyə məcbur olduğuma görə də yorğunam. Əlbəttə, onlar buna ehtiyac duyurlar, ancaq qardaş və bacı, necə sağlam və uğurlu olmağı öyrənəndə siz mənəvi cəhətdən ibtidai məktəbdən böyümürsünüz. Sizin gücünüz malik olduğunuz və ya nümayiş edə bildiyinizdən asılı deyil. Güc – yaxındakı adamın zəifliyini daşımaq qabiliyyətindən asılıdır.

Məsihin Ruhu asanlıqla itaət edən Ruhdur. Həqiqətən, güman edirəm ki, O, itaətin ən gözəl nümunəsidir. Məsihin davranışının bu xüsusiyyəti Onu İblisdən fərqləndirirdi. Fil.2:6 İsa haqqında deyir:

"Allah surətində olduğu halda O Özünü Allaha bərabər tutmağı bir haqq saymadı".

Siz fərqi aydın görürsünüzmü? İsa Allah ilə bərabərlik hüququna malik idi. İlahi təbiətinə, ilahi hüququna görə O, Allah ilə eyni idi. O, bunu iddia etmirdi. İblis olmuş Lüsifer Allah ilə bərabərlik hüququna malik deyildi, ancaq o, bunu iddia etdi və endi. Əsas məsələ iddia ilə itaətin arasındakı fərqdir. Hüquqlarımızı iddia və tələb etməyimiz Məsihin Ruhunun ifadəsidir, yoxsa başqa mənbədən gəlir?

Əminəm ki, xarizmatik hərəkat bu problemlə üzləşir. Biz həqiqi və yalançı peyğəmbərləri, həqiqi və yalançı xidmətçiləri, Allaha Ruhda və həqiqətdə xidmət edənləri və etməyənləri fərqləndirməliyik. Möcüzələr fərqin həlledici meyarı deyil. Fərqləndirən meyar Məsihin Ruhudur: "Kimdə Məsihin Ruhu yoxdursa, o adam Məsihə məxsus deyil".

Heç bilirsiz xarizmatik hərəkatı mən nə hesab edirəm? İki dalğanın toqquşması. Bir dalğa gedir, başqası gəlir. Bunlar qarşılaşanda nizamsızlıq baş verir, elə deyilmi? Qarışıqlıq, köpük, qaydasızlıq, çirkab qalxır; əks istiqamətli iki qüvvə qarşılaşır. Xarizmatik hərəkat məhz budur! Bu, Allahın əsas hərəkatı deyildir. İnanın mənə, başqa bir şey gəlir; bu, nizam-intizamlı, Məsihə ehtiramı, itaəti, qardaş sevgisini və başqalarına hörməti üstün tutan bir şeydir.

Əvvəllər Allah güclü fərdlər vasitəsilə işləyirdi. Məncə, bu dövr keçib getdi. İndi Allah kilsədə qardaşlıq məhəbbəti və nizam vasitəsilə işləyir. Mən bunu heç kimi tənqid etmədən deyirəm. Biz başa düşməliyik ki, Allah müxtəlif vaxtlarda müxtəlif cür işləyir. O həmişə eyni şeyi etmir. Bəzi məsihçilər bunu qəbul edə bilmirlər. Onlar bir müvəffəqiyyət düsturunu tapırlar, bu işləyir və onlar həyatlarının sonuna qədər bunu işlədirlər.

Həvarilərin İşləri 17:30-da Paul Afina şəhərinin sakinlərinə onların çoxsaylı bütləri barədə deyir: "Allah cəhalət zamanlarında buna göz yumdu". Yəni qısa müddət ərzində Allah bu cəhalətə könüllü surətdə fikir vermirdi.

Çox adam israr edir: "Allah, on il ərzində bununla olmağa mənə icazə ver; beləliklə, mən bununla daha on il olacağam". Xeyr, olmayacaqsınız! Allah buna göz yumurdu, indi isə O, hər iki gözünü açıb; O, düz sənə baxır və O deyir: "Yaxşısı budur, dəyiş". Allah sizə "dəyiş" deyəndə, mənim sizə məsləhətim: "Dəyiş!" Əgər dəyişməsəniz, Allah sizin dərsinizi verəcək.

4

İTAƏTƏ RAZILAŞMAQ BARƏDƏ

İndi isə itaətin bir neçə nümunəsinə nəzər salmaq istəyirəm. 1Pad. 3-cü fəsildən başlayaq. Bu fəslin birinci hissəsində Allah Süleymana yuxuda göründü və dedi: "Nə istəyirsən, sənə verim?" Allah bu sualı qəfildən verəndə insan çətin vəziyyətə düşə bilər. Yadınızdadırsa, Süleyman sərvət, ehtiram, düşmənlərinin ölümünü deyil, müdriklik istədi. O dedi ki, mənə "dərrakəli ürək ver". Allah bu seçimdən razı qaldı və dedi: "Mən istəyini yerinə yetirirəm: sənə elə bir hikmətli və dərrakəli ürək verirəm ki, sənin kimisi nə səndən əvvəl olmuş, nə də səndən sonra olacaq. Hətta sənə istəmədiyini – var-dövləti də, şöhrəti də verirəm".

Qısa müddətdən sonra bir evdə yaşayan iki fahişə qadının məsələsi ortaya çıxır. Onların hər biri bir körpə dünyaya gətirir və körpəni yataqda yanlarına qoyur. Gecənin bir yarısında qadınlardan biri yataqda çevrilir və öz körpəsini öldürür. Səhər iki ana və bir körpə qalır, anaların hər biri sağ qalan körpəni istəyir. Əsl ana körpəni tələb edirdi, körpəsi ölən ana da onu özününkü adlandırırdı. Beləliklə, məsələ Süleymanın qarşısına gətirilir: iki qadın və bir körpə. Süleyman məsələni dinlədi. Əsl ana deyirdi: "Bu, mənim körpəmdir". Başqa qadın da deyirdi: "Xeyr, bu, mənim körpəmdir". Beləliklə, Süleyman dedi: "Başqa əlac qalmır. Mənə qılınc gətirin". Qılınc gətiriləndən sonra o dedi: "Sağ olan uşağı iki yerə bölün: yarısını birinə, yarısını isə o birinə verin!" Ana olmayan qadın "Bölün, qoy nə onun olsun, nə mənim" dedi. Əsl ana isə körpəsinin ölümünü istəmədi. O dedi: "Aman, ağam, sağ olan uşağı ona verin, amma öldürməyin". Onda padşah cavab verib dedi: "Uşağın anası odur". Nəticədə onun müdrikliyi İsraildə məşhur oldu.

Bu dərs çox sadədir. Bu həqiqət sizin körpənizdirsə, onun ölümünü görməkdənsə onu başqa qadına verərsiniz. Bu, əsl sınaqdır. Dəfələrlə məsihçi xidmətində iki nəfər arasında bir məsələyə aid mübahisə, hətta dava olur. Ötən otuz il ərzində rast gəldiyim belə adamları və mübahisələri bir-bir sadalaya bilərəm. Bu, əsl sınaqdır. Bu, sizin uşağınızdırsa, onun ölümündənsə, başqa qadına verilməsini seçəcəksinizmi?

Həyatımızda sınaq vaxtları olur. Öz vəzifəmi və uğurumu iddia etmək istəyirəmmi? Özümə yaxşı ad qazanmağa calışırammı? Yaxud uzun illər zəhmətlə qazandığım nailiyyəti, bütün dualarımın bəhrəsini başqasına verməyə hazırammı? Bu, özünüzdən çox körpəni və ya körpədən çox özünüzü sevməyinizdən asılıdır.

Növbəti dəfə siz bu vəziyyətlə üzləşəndə əsl sevginizi qiymətləndirə biləcəksiniz. Verməyə hazırsınızsa, siz sevirsiniz. Yarısını tələb edirsinizsə, siz sevmirsiniz.

İndi isə Yaradılış 13-cü fəslində İbrahimin hekayəsinə diqqət yetirmək istəyərdim. İbrahim Allahın Sözünə itaətkarlıqda Xaldeylərin Ur şəhərindən çıxdı, ancaq tam itaətkarlıq etmədi. Yaradılış 12-ci fəslində bunu görürük. Orada Allah dedi: "Öz torpağından, qohumlarının arasından, ata evindən çıx, sənə göstərəcəyim torpağa get". İbrahim isə Allaha tam itaət etmədi, çünki o, özü ilə iki nəfəri də – atasını və qardaşı oğlunu götürdü. O, bunlardan hər birini götürməməli idi. Atası yanında olanda o, yolun yalnız yarısını gedə bildi. O, Ur ilə və Kənanın arasında ortada olan Harana çatdı. Atası ölənə qədər irəli gedə bilmədi.

Bizim əksəriyyətimiz ona bənzəyirik. Allah deyir: "Çıx, hər şeyi tərk et; sənə mirasını göstərəcəyəm". Biz isə atamızı özümüzlə götürmək istəyirik. Atamız uğurlu məşğuliyyətimiz, yaxşı maaşlı işimiz və ya imanlı cəmiyyətimizin bir qolu, ya da yaxşı pensiyamız ola bilər. Bu, istənilən bir şey ola bilər. Hər halda, Allah deyir: "Atanı götürürsənsə, yalnız yolun yarısını gedə biləcəksən". Bu, İbrahimlə baş verdi. Atası yanında olanda o, Kənan torpağına daxil ola bilmədi. Həvarilərin İşləri 7-ci fəsildə Stefan Yəhudi şurasına müraciət edəndə bunu qeyd edir və deyir: "Atasının ölümündən sonra Allah onu oradan da götürüb" vəd olunmuş torpağa gətirdi.

Ancaq bu halda belə, İbrahimin bir problemi – onun qardaşı

oğlu Lut da var idi. Lut orada olmamalı idi. Tezliklə İbrahim və Lut müvəffəqiyyətli oldular. Hər ikisi o qədər mal-qara və əmlak əldə etdilər ki, daha əvvəlki kimi bir yerdə yaşaya bilmədilər. Onların çobanları arasında daim mübahisə var idi. Sonra baş verənlər barədə Yaradılış 13:7-də oxuyuruq:

"İbramın sürülərinin çobanları ilə Lutun sürülərinin çobanları arasında mübahisə düşdü.

O vaxt bu torpaqda Kənanlılar və Perizlilər yaşayırdı. İbram Luta dedi: "Qoy mənimlə sənin və çobanlarımla çobanların arasında mübahisə olmasın, çünki biz qohumuq.

Bütün torpaqlar gözünün önündə deyilmi? Gəl ayrılaq. Əgər sən sola getsən, mən sağa gedəcəyəm,

sən sağa getsən, mən sola gedəcəyəm".

Lut başını qaldırıb İordan çayının kənarındakı düzənliyi gördü. O vaxt bu yer Misir torpağı kimi bütünlüklə Soara qədər suvarılırdı və Rəbbin bağı kimi idi.

Rəbb hələ Sodom və Homorranı məhv etməmişdi. Lut özünə İordan çayının kənarındakı düzənliyi seçdi. O, şərqə tərəf hərəkət etdi. Beləcə onlar bir-birindən ayrıldı.

İbram Kənan torpağında qaldı, Lut isə düzənlikdəki şəhərlərdə yaşamağa başladı və Sodoma qədər öz çadırlarını qurdu.

Sodomun əhalisi çox pozğun idi və Rəbbə qarşı çoxlu günah edirdi".

İndi isə Lut ayrılandan sonra hekayəni oxuyuruq:

"Lut İbramdan ayrıldıqdan sonra Rəbb İbrama dedi: "Başını qaldırıb dayandığın yerdən şimala, cənuba, şərqə və qərbə tərəf bax.

Gördüyün bütün torpaqları əbədi olaraq sənə və nəslinə verəcəyəm".

Bu onun mirası idi. Ancaq tabe olmayana qədər Allah ona mirası göstərmədi. Allah bizimlə də eyni davranır. Hələ ki, bir şeydən tutub "mənimdir; buraxmıram" deyəndə Allahın sizin üçün hazırladığını görməyəcəksiniz. Varisliyi qəbul edən ruh qamarlayan və bərk tutan deyil, itaət ruhudur. "Bu mənimdir, sən bunu ala bilməzsən; Allah bunu mənə verdi" deməkdə davam etsəniz Allahın sizin üçün niyyətində olanı ala bilməyəcəksiniz. Siz itaət etməlisiniz.

Həyat yoldaşım Lidiya II Dünya Müharibəsi ərzində Fələstində baş vermiş hadisəni mənə tez-tez xatırladırdı. Bu, evlənməyimizdən bir qədər əvvəl baş vermişdi. O vaxt o, Yerusəlimdən təxminən 16 km şimalda yerləşən Ramallah şəhərində yaşayırdı. O, uşaq evində xidmət edirdi, lakin buna baxmayaraq, şəhərdəki ərəb qadınları arasında dirçəliş başladı. Bu, Allahın işi idi, Lidiya isə Allahın istifadə etdiyi bir alət oldu. Küçədən keçən bu qeyri-məsihçi ərəb qadınları gəlib xilas tapırdı, şər ruhlardan azad olur, Müqəddəs Ruhu qəbul edirdilər. Bunların hamısı bir dəfəyə baş verirdi. Xilas işi müvəffəqiyyətli idi və genişlənirdi, bu da Rəbbin lütfünün sübutudur.

Sonra isə Yerusəlimdə yaşayan bir müjdəçi gəlib bu imanlıları özü üçün tələb etdi. Bir nəfər ərəbi təyin etdi və dedi: "Bu, bizim adamdır. Siz buraya gəlməzdən əvvəl o, bu şəhərdə çalışırdı". Əslində, o heç bir dəyərli və uzun müddət davam edən nəticə əldə etməmişdi, Lidiya isə o qadınları başa düşdü, onları sevdi və onlar da Lidiyanı sevdi. İyirmi beş il sonra biz o kəndə qayıtdıq, bu qadınlar həyat yoldaşımın gəldiyini eşidəndə küçəyə çıxıb onunla görüşməyə tələsdilər. Onlar hətta iyirmi beş il sonra onu unutmamışdılar!

Lidiya bu adamın tələbinə qarşı da çıxa bilərdi, lakin o, İbrahimin sözləri ilə cavab verdi: "Yaxşı, sən seç. Əgər sən sola getsən, mən sağa gedəcəyəm". O müjdəçi dedi: "Yaxşı, bu, bizim işimizdir, biz bunu götürəcəyik". Beləliklə, Lidiya ərəb qadınlarına dedi: "Biz daha toplantı keçirməyəcəyik. Toplantılar bu ünvanda bu vaxt olacaq. Siz oraya gedin və sədaqətlə müjdəçilik işini dəstəkləyin". Bir, ya iki ildən sonra bu xidmət tamamilə öldü, çünki xidməti ələ keçirən işçinin Allahdan heç bir çağırışı yox idi.

Bu onun işi deyildi. Həyat yoldaşım isə itaət etməklə şəxsi qələbəsini qazandı.

Eyni zamanda bunlar baş verdi: bir neçə ay sonra Yaxın Şərqin ölkələrində xidmət edən Britaniyalı və Amerikan əsgərləri Ramallada həmin o balaca uşaq evinə gəlməyə başladı. Onlar Allahı və Müqəddəs Ruhun vəftizini axtararaq oraya gəldilər. Növbəti üç və ya dörd il ərzində bir çox Amerikan və Britaniya hərbi qulluqçusu o kiçik uşaq evində Allahı tapdı və Müqəddəs Ruhla vəftiz oldu.

Mən özüm də o vaxt Britaniya qüvvələri ilə Yaxın Şərqdə idim. Mən Afrikanın mərkəzindən düz aşağı, Sudanda yerləşdirildim. Bir məsihçi əsgər ilə görüşəndə o mənə dedi: "Əgər əsl xeyir-dua axtarırsansa, Yerusəlimdən 16 km şimalda kiçik bir uşaq evi var. Oraya mütləq getməlisən!" Beləliklə, mənim növbəm çatanda iki həftəlik məzuniyyət götürdüm və Nil ilə aşağı, Qahirəyə, oradan da Yerusəlimə səyahət etdim. Nəhayət, mən həmin o kiçik uşaq evinə çatdım və orada tapdığım xeyir-dua gözlədiyimdən daha böyük oldu – bu, mənim həyat yoldaşım idi.

Ancaq hekayənin mənası budur: Yaxın Şərqin ənənə və adətlərinə görə, ərəb qadınlarına Britaniya və Amerikan hərbi qulluqçusunun gəldiyi yerə getmək heç vaxt icazə verilmirdi. Lidiya qadınlardan möhkəm tutsaydı, əsgərlər heç vaxt gəlməzdi. Lakin biz itaət edəndə irəliləyiş baş verir. O hərbiçilərdən bir çoxu, özüm də daxil olmaqla, bu gün bütün dünyada müjdəçi xidmətində çalışırıq: missionerlər, pastorlar və s.; bəziləri Birləşmiş Ştatlarda, bəziləri Britaniyada, bəziləri isə Cənubi Afrikadadır.

İbrət dərsi budur: siz itaət göstərməyə hazır olmalısınız. Bu, ədalətsizdir, bu ağılsızdır, bu haqsızdır! Nə olsun ki! Allah bunu belə təşkil etdi. O, hər şeyi nəzarəti altında saxlayır. Əsl inam budur!

5

İNDİ ÖZ OĞLUNU GÖTÜR...

Gəlin yenə İbrahimə qayıdaq. Romalılara 4-cü fəsli atamız İbrahimin iman addımları haqqında danışır. Bir şey mənə çox aydın oldu: iman hərəkətsiz vəziyyət deyil. Bu, imanlılar cəmiyyətində oturub "mən buna malikəm" demək deyil. İman bir gəzintidir – bir addımdan sonra başqası gəlir. ƏGƏR biz onun iman yolu ilə gediriksə, İbrahim imanlı olan bizlərin atası adlandırılır.

İbrahimin imanı tərəqqi edir. Yaradılış 12-ci fəsildən 22-ci fəslə qədər diqqət yetirsəniz, İbrahimin imanının tərəqqisini görəcəksiniz. 22-ci fəsildə onun imanı kulminasiya həddinə çatır. Lakin 22-ci fəsildə etdiyini o, 12-ci fəsildə edə bilməzdi. Onun imanı bu kulminasiya həddinə çatdı, çünki hər dəfə Allah "irəli addım at" deyəndə, o addım atırdı. Allah hər dəfə çağıranda İbrahim bunu qəbul edirdi. Beləliklə, onun imanı tərəqqi edərək böyüyürdü. Yaqub öz məktubunda deyir: "İman onun əməlləri ilə birgə fəaliyyətdə idi və iman əməllərlə tamamlanmışdır". İman Allahın hədiyyəsidir, lakin itaətdə addımlayanda iman yetkinləşir.

İbrahim bizim kimi bir insan idi. O da səhvlər edirdi. Allah ona varis övlad vəd etmişdi. Ancaq bildiyiniz kimi, vəd ləngiyirdi. On iki ildən sonra heç bir varis yox idi. Sara 78 yaşında idi və daha ümidi qalmamışdı. Nəhayət, o dedi: "Uşağımızın gəlməsi üçün yaxşı olar ki, biz bir hərəkət edək". Allah ilə münasibətdə olarkən söyləyə biləcəyimiz ən fəlakətli sözlər bunlardır: "Yaxşı olar ki, biz bir hərəkət edək".

İbrahim arvadının səhv məsləhətini qəbul etdi və Saranın qulluqçusu Həcərdən oğlu oldu. Burada bir əxlaqsızlıq baş vermədi. O dövrə görə bu, düzgün, əxlaqlı və ədəbli idi. Ancaq bu, Allahın planı deyildi. Uşağın adını İsmail qoydular və Yaxın Şərqin ərəbləri onun nəsli hesab olunur.

Sonra Sara özü oğlu İshaqı dünyaya gətirdi; Allah ona məhz bu oğlu vəd etmişdi. Növbəti dörd min il ərzində İsmail və İshaq – bu iki oğlun nəsli arasında gərginlik olub; indiki dövrdə bu gərginlik sanki öz kulminasiya həddinə çatır. Tarixin qəribə təsadüfü ilə, İsmailin nəsli indi İshaqın nəsli üçün vəd olunmuş torpağa qayıtmaqda ən böyük maneədir. Tarix daha sadə dərs öyrədə bilməzdi: CİSMANİ YOL İLƏ ALLAHIN VƏDİNİ ƏLDƏ ETMƏK FƏLAKƏTLİDİR.

Bir vaiz deyirdi: "İsmail insani yol ilə əldə edilən övladdır". Siz Allaha kömək etməyi qərara alanda, vay sizin halınıza! Mən bir dəfə nəyisə planlaşdırırdım və mənim planlarım çox uzun çəkdi. Sonra bir yoldaşla görüşüb söhbət etdik və bu barədə danışanda mən dedim: "Düzünü desəm, mən bunu etməsəm daha yaxşı olar". O soruşdu: "Niyə?" Cavabım belə oldu: "Qorxuram, bu, İsmail olacaq". Mən gördüm ki, yoldaşıma bu sözlər təsir etdi.

Bir müddətdən sonra biz yenidən görüşdük və o soruşdu: "Danışın görüm, o məsələdə fikrinizi niyə dəyişdiniz?"

«Rəbb qorxusu" – deyə mən ona cavab verdim və cavabımın onu qane etdiyini gördüm. Mən səmimi olaraq deyə bilərəm ki, Rəbb qorxusunda yaşamağa çalışıram. Rəbbi kədərləndirən, Allahın işinə maneə törədən, Allahı kədərləndirən bir şeyi etmək istəmirəm. Mən Rəbb qarşısında ehtiyatla yeriməksit istəyirəm. Beləliklə, mən öz İsmailimi həllini gözləyən məsələlər sırasına qoyuram; o, bu gün də hələ oradadır!

Mənim üçün əsas nəticə budur. Yaxşı hesab etdiyimiz şeylər, xeyirxah cəhdlərin nəticəsi olan və düzgün görünən şeylər əslində ən böyük fəlakətlərdir. Allah bizi onlardan saxlasın! Allah məni onlardan saxlasın! Allah səni onlardan saxlasın! Allah hamımızı İsmaili dünyaya gətirməyimizdən saxlasın, çünki ömür boyu buna görə peşman olacaqsınız.

Allah bizə hansı ən böyük sınağı göndərir? SƏBİR! Allah sizə dağa qalxmağı deyəndə, siz dərhal dağa qalxmağa başlayırsınız! Lakin Allah dağın ətəyində oturub gözləməyi sizə tapşıranda siz bunu edə bilmirsiniz.

Çox güman ki, Müqəddəs Yazıda ən yetkin xasiyyət Musada olub. O, bu yetkinliyi necə əldə etdi? Səhrada qırx il gözləməklə. Bu, ona necə təsir göstərdi? Yer üzündə onu ən həlim adam etdi. Musa öz hüquqlarını tələb etmirdi; o, geri çəkildi və dedi: "Qoy başqası bunu etsin". Mən səmimiyyətlə "körpəni başqasına verin" deyəndə özümü rahat hiss edirəm. Özümü necə də rahat hiss edirəm! Lakin həyəcanlı, gərgin və tutmağa hazır olanda mən fəlakətə tərəf irəliləyirəm.

Gəlin Yaradılış 22-ci fəslə qayıdaq. Allah 2-ci ayədə İbrahimə deyir:

"Sevdiyin yeganə oğlunu – İshaqı götürüb Moriya torpağına get. Orada sənə göstərəcəyim bir dağda oğlunu yandırma qurbanı olaraq təqdim et".

İbrahimin cavabı nə oldu? Növbəti ayə bizə deyir: "İbrahim səhər tezdən qalxdı və eşşəyini palanladı...".

İbrahim Allaha sadəcə itaət etmədi; fikir verin ki, İbrahim Allaha dərhal itaət etdi. Bu, aydın görünür. Ona bir iş tapşırılanda növbəti səhər erkən qalxdı və bunu etdi. O, günortaya qədər gözləyərək, Allahın Öz fikrini dəyişəcəyinə ümid etmədi. Növbəti səhər İbrahim oğlu İshaq ilə Moriya dağına üç günlük səfərə çıxdı.

Siz hekayəni bilirsiniz: onlar dağa qalxdılar və İshaq soruşdu: "Od və odun var, bəs yandırma qurbanı olacaq quzu haradadır?" İbrahim dedi: "Oğlum, yandırma qurbanı olacaq quzunu Allah Özü hazırlayacaq".

İbranilərə Məktubun on birinci fəslində müəllif deyir: "İbrahim sınağa çəkildiyi vaxt *iman vasitəsilə* İshaqı qurban olaraq təqdim etdi. Vədlərə nail olmuş İbrahim bircə oğlunu qurban vermək niyyətində idi. Halbuki ona "İshaqdan törəyənlər sənin nəslin adlanacaq" deyilmişdi. O, Allahı onu ölülər arasından diriltməyə qadir saydı". Əgər siz Yaradılış 22-ci fəslini diqqətlə oxusanız, İbranilərə Məktubun müəllifinin niyə bunu dediyini başa düşəcəksiniz. Çünki İbrahim dağın ətəyində qoyduğu nökərlərinə demişdi: "Siz eşşəklə birlikdə burada qalın, mən uşaqla oraya gedəcəyəm. Səcdə edib, yanınıza qayıdarıq". Allaha şükür! O həqiqətən inanırdı: hətta oğluna bıçağı batırsa belə, hər ikisi yenidən qayıdacaqlar. Əslində, İbrahim bu yerə gələndə Allahın ona vəd etdiyi varisi, yeganə ümidini, möcüzə ilə ona verilən uşağını öldürməyə hazır idi, çünki Allahın onu yenidən həyata qaytaracağına iman edirdi.

Öz oğluna batırmaq üçün bıçağı qaldıranda, səmadan gələn Allahın mələyinin səsi onu dayandırdı. İbrahim gördü ki, Allah həqiqətən başqa qurbanı hazırlamışdı – arxasında buynuzları kolluğa ilişmiş bir qoç gördü. O, qoçu oğlunun əvəzinə Allaha qurban gətirdi. Bundan sonra Allah ikinci dəfə onunla danışdı:

"Rəbbin mələyi yenə göylərdən İbrahimi çağırıb dedi:

"Rəbb bəyan edir: "Öz varlığıma and içirəm ki, sən bu işi etdiyinə və yeganə oğlunu əsirgəmədiyinə görə Mən sənə böyük xeyir-dua verəcəyəm, nəslini göydəki ulduzlar və dəniz kənarındakı qum qədər artırıb çoxaldacağam. Sənin nəslin öz düşmənlərinin şəhərlərinə sahib olacaq" (Yar.22:15-17).

Bu, çox qəribədir. İshaq İbrahimə və Saraya Allahın hədiyyəsi idi. Allahın möcüzəvi müdaxiləsi olmasaydı onların heç vaxt oğlu olmazdı. İshaq fövqəltəbii yol ilə dünyaya gəldi. Allahın onlara verdiyi məhz bu uşağı Allah yandırma qurbanı kimi Ona qaytarmağı onlardan xahiş etdi.

Mən özümü Moriya dağına qalxan İbrahimin yerinə qoymağa cəhd etmişəm və üç gün ərzində nə düşündüyünü və nə fikirləşdiyini təsəvvür etməyə çalışmışam.

«Allah nə üçün məhz İshaqı istədi? Məgər onu buzə Allah Özü vermədimi? İshaq vəd olunmuş övlad deyilmi? Allahın vəd etdiyi xeyir-dua yalnız onun vasitəsilə gəlməməlidirmi? Biz hər şeyi tərk etmədikmi? Onun ardınca getmədikmi? Ona itaət etmədikmi? O nə üçün İshaqı tələb edir?"

Bilmirəm, onun belə fikirləri olub, ya olmayıb. Ancaq o, həmin yerə gəlib Allahın əmrini yerinə yetirməyə hazır olanda Allah ona dedi: "Bu yaxşıdır; indi Mən sənin ürəyini bildim. Bu andan etibarən, İbrahim, Mən sənə əvvəllər vermədiyim xeyir-duanı verəcəyəm; nəslini çoxaldacağam". Hansı nəslini? İshaqdan olan nəslini. Siz nəticəni başa düşdünüzmü? Əgər o, İshaqdan möhkəm tutsaydı, ona yalnız İshaq qalacaqdı. İshaqı verməklə, o, onu geri aldı və sayı-hesabı olmayan nəsil də ona əlavə olundu.

Mən çox görmüşəm: Allah bizə çox xüsusi bir şey verəndə həmin şey baş verir. Bu, Allahdandır. Bu, qiymətlidir. Bu, bənzərsizdir. Bu, möcüzəvidir. Ancaq bir gün Allah "Mən bunu istəyirəm. Bunu qaytar. Bunu öldür. Onu qurbangaha qoy" deyəcək. Bu anda siz ya İbrahimin yolu ilə gedəcəksiniz, ya da Allahın xeyir-duasını itirəcəksiniz.

Təəssüf ki, Rəbbin bir çox xidmətçisi İshaqdan möhkəm tutaraq acınacaqlı səhv edirlər və onlara yalnız İshaq qalır. Bu, Allahın xidmətçisinə verilən ən böyük sınaqdır: o, öz xidmətini qurbangaha qoyacaqmı?

Mən öz həyatıma nəzər salanda bu sınaqdan necə keçdiyimi görə bilərəm. Çoxlarınız bilir ki, mən cinlərdən azad etmək xidmətində fəal iştirak etməyə başladım və beləliklə, bütün Birləşmiş Ştatlarda tanındım. Mən Paulun sözlərini təkrar edərək deyə bilərəm ki, cinlərdən azad etmə həqiqəti naminə vəhşi heyvanlarla mübarizə aparmışam. Mən həm fiziki, həm də ruhani mənada vuruşmuşam, mən duada vuruşmuşam, mən orucda vuruşmuşam.

Ancaq vaxt gəldi və Allah məni ölkə miqyasında tanınan üç təlim xidmətçiləri ilə birgə çalışmağa çağırdı. Allah Özü bizi bir yerə gətirdi və biz bir-birimizə qarşılıqlı öhdəlik və tabelikdə idik. Bu, Allahın işi idi; biz bunu planlaşdırmırdıq, gözləmirdik və başa da düşmürdük. Bu mənada, mən deyərdim, burada İsmailin deyil, İshaqın əlamətləri var idi.

Qısa müddətdən sonra mən anladım ki, mənim cin çıxarmaq xidmətim də bu qardaşlara etdiyim öhdəliyə daxildir. Bu, onlardan asılı oldu. Nəhayət, xeyli götür-qoy edəndən sonra mən onlara dedim: "Qardaşlarım, əgər siz azad etmə xidmətimi düzgün və ya Müqəddəs Kitaba uyğun hesab etməsəniz, buna etiraz etsəniz, mən bunu etməyəcəyəm". Sizcə, bunu demək mənə asan idi? Xeyr!

Bu gün isə bunun nəticələrinə görə Allaha şükür edirəm. Hər şeydən əvvəl deməliyəm ki, qardaşlarım cinlərdən azad etmə xidmətini atmağı məndən heç vaxt xahiş etmədilər. Əksinə, onlar məni dəstəklədilər və məni gücləndirdilər. İctimaiyyatda mənə açıq hücum ediləndə, onlar məni müdafiə etdilər və bu, çox vaxt onların öz şöhrətlərinin hesabına başa gəldi.

Ancaq bundan başqa, bütün Birləşmiş Ştatlarda azad etmə xidmətində nə isə baş verdi və mən buna heç vaxt öz səylərim nəticəsində nail olma bilməzdim. Mən Allaha öz İshaqımı verəndə, O, bunu xeyli çoxaltdı. Bu gün demək olar ki, azad etmə xidməti Birləşmiş Ştatların hər yerində qurulmuşdur. Mən istənilən yerə gedib azad olma mövzusunda vəz edə bilərəm; Allahın bacarıqlı, həsr edilmiş adamları hər yerdə çalışır. Faktiki olaraq, artıq mən çox nadir hallarda azad etmə xidmətində özüm çalışıram. Allah bunu etmək istəyən bir çox bacarıqlı adamı yetişdirmişdi. Ancaq mənə inanın, bu, otuz il əvvəl belə deyildi! İndi geriyə nəzər salaraq, Ona öz İshaqımı verdiyimə və əvəzində Ondan böyük xeyir-dua aldığıma görə Ona çox minnətdaram. Öz İshaqımdan möhkəm tutsaydım bu gün məndə Məsihin Bədənindən və Allahın məqsədlərindən uzaq olan yalnız öz xidmətim olardı.

Gəlin Yəh.12:24-də İsanın sözlərinə nəzər salaq:

"Doğrusunu, doğrusunu sizə deyirəm: əgər bir buğda dənəsi torpağa düşüb ölmürsə, tək qalır, amma ölürsə, çoxlu məhsul verir".

Bu, Məsihin ölümünə aiddir. İsa buğdanın bir toxumu idi; O, Öz həyatını qurban vermək istəyirdi; O, torpağa düşdü, yəni qəbirə qoyuldu; Onun ölümü, qəbirə qoyulması və dirilməsi nəticəsində müəyyən vaxtdan sonra çoxlu meyvə oldu. Lakin bu yaxında mən bu haqda fikirləşirdim və özümü, imanlı bacı-qardaşlarımı təsəvvür etdim: hər birimizin əlində Allahın hər birimizə verdiyi balaca bir toxum dənəsi var idi. Bu, bir ənam, bir xidmət, bacarıq, Allahın sizə verdiyi qiymətli bir şeydir.

Siz deyirsiniz: "Bu, mənimdir; mən bunu edə bilərəm; mən cinləri qova bilirəm; qardaş, mən xəstə üçün dua edəndə onlar yerə sərilirlər. Məndə bilik sözü var". Beləliklə, bunu əlinizdə bərk tutmaq, bunu hiss etmək və "bu mənimdir" demək çox xoşdur. Allah isə deyir: "Əgər siz bunu saxlasanız, sizdə yalnız bu olacaq, bu balaca buğda dənəsi. Onun üzərinə öz adınızı yaza bilərsiniz, onu özünüzünkü hesab edərək onu tələb edə bilərsiniz, lakin siz bundan çoxunu heç vaxt əldə etməyəcəksiniz.

Bəs daha nə etmək olar? Buraxın! Atın! "Yəni öz xidmətimi başqasına verim? Bacarığımı işlətməyim? Ənamımı kənara qoyum?" Bəli, onu buraxın! İmkan verin o aşağı, düz yerə düşsün, dəfn olunsun və itsin, diqqətdən kənarda qalsın. Bundan sonra o, daha sizinki olmayacaq. Ancaq mən sizə nəsə deməliyəm: buna görə Allah məsuliyyət daşıyır. Allah bara zəmanət vermişdir.

Güman edirəm ki, biz bu yerə gəlib çatırıq. Bizdən çoxumuz bu seçimlə üzləşəcəyik. Mən özümü vəz etmək istəyirəmmi? Özümə yaxşı ad qazanmaq istəyirəmmi? Mən öz xidmətimi, öz müjdəçiliyimi, öz düşərgəmi, öz gənclik mərkəzimi, öz azad etmə mərkəzimi qurmaq istəyirəmmi? Bunun mənimki olması mənə maraqlındımı? Bəlkə mən ədalətsizcəsinə ittiham olunuram, sahiblik müzakirə olunur; mən qeyri-qanuni anaya "bunu götür" deməyə hazırammı? Mən bunu, yoxsa özümü sevirəm? Çox çətin sualdır. Allah sizə çox şey verib; vaxt gələcək O, sizdən bunu buraxmağı xahiş edəcək. Atın onu. Qoy yerə düşsün.

Bilirəm ki, bu bəzilərinizin canına keçib! Allaha şükür edin, bunu sevinclə buraxın! Mən də bəzi şeyləri buraxdığıma görə şadam. Əgər mən onları daşımaqda davam etsəydim, onlar məni aşağı, torpağa aparardı.

6

BUĞDA TOXUMU ÖLMƏSƏ...

Vaizlərin əksəriyyəti həddindən artıq məşğuldur. Mən məş-ğulam, ancaq həddindən artıq məşğul deyiləm. Həddindən artıq məşğul olmağın ruhani olmadığını bilirsinizmi? Bu, insanlarda təəssürat yarada bilər, ancaq bu, ruhani deyil. Allah sizi yalnız bir nəfər yaratdı və hətta çox çalışsanız belə, siz iki nəfərin işini heç vaxt qənaətbəxş görə bilməzsiniz.

«Təcili" işin əvəzinə "vacib" işi etmək haqqında Ceymi Bu-kinhemin balaca bir məqaləsini oxumuşam. Əksər vaizlər təcili işlərin yükü altında batırlar və vacib işlər üçün vaxtları çatmır. Müqəddəs Yazıda ən zəruri dualardan biri Zəbur 90:12-da qeyd olunur: "Bizə öyrət nə qədər ömrümüz var, qoy qəlbimiz hikmətli olsun". Yəni vaxtımdan düzgün istifadə etməyi mənə öyrət. Bu, İsada mənə ən çox təsir edən şeylərdən biridir. O, heç vaxt təş-vişdə deyildi. O, heç vaxt tələsmirdi. O, heç vaxt həddindən artıq məşğul deyildi. Əslində, əgər mən özümü lazımlı edirəmsə, bu, mənim xudbinliyimdən gəlir. Əksər adamlar lazımsız olmaq istə-mir. Mənə gəlincə, mənim ən böyük zəfərim işdə mənsiz keçinən-də baş verir. Bu halda mən müvəffəq olmuşam!

Həyatımda baş vermiş həqiqi hekayəni sizə danışacağam. 1971-ci ilin iyun ayında mən Vaşinqton ştatında Sietl şəhərinə get-dim. Burada xidmətçilər üçün istirahət təşkil olunmuşdu. Orada Don Basham, Bob Mumford, Çarlz Simpson, Lerri Christenson, Ralf Vilkerson, Devid DuPlessis, Dennis Bennet, Ern Bakster və başqaları kimi bir çox tanınmış xarizmatik müəllimlər var idi. Bu, təxminən beş gün davam etdi. Hər səhər, çox vaxt günorta da biz ünsiyyət üçün görüşürdük və bu, olduqca gözəl təcrübə idi. Biz bir gün yarım cinlər haqqında söhbət etdik. Biz su vəftizi haqqın-da iki gün danışdıq. Bu iki məsələni həll edəndən sonra siz xeyli irəliləyirsiniz!

Lakin Birləşmiş Ştatların uzaq şimal-qərbindəki bir yerə bu qədər çox müəllimi toplamaq çox bahalı məsələ idi və onların öz-lərinin də buna pulları yox idi. Beləliklə, konfrans təşkilatçıları dedilər: "Qardaşlıqlar, biz sizə heç nəyi söz vermirik, ancaq sizin gediş haqlarınız üçün pul yığmağa cəhd edəcəyik". Bu məqsəd-lə onlar həftənin hər günü Sietl şəhərinin beş əsas rayonlarında toplantılar təşkil etdilər. Hər toplantıda iki və ya üç ruhani müəl-lim vəz edirdi. Toplantı keçirilən zalda bir boş yer belə, yox idi. Adamların dəstəyi də əla oldu.

İstirahət vaxtı qurtaranda mən bir həftəsonu ərzində "Assembly of God" imanlı cəmiyyətlərinin birində xidmət etmək üçün Sietl-də qaldım. Beləliklə, toplantılar haqqında danışan yerli xidmətçilə-ri eşitmək imkanım oldu. Əvvəllər Sietldə bir imanlı cəmiyyətində pastor olmuşam, mən onlardan bir çoxunu tanıyırdım və onların əsl fikirlərini ifadə etdiklərini bilirdim. Onlar əsasən bunu deyirdilər: "Hələ Sietl şəhərinə bu qədər böyük təsir göstərən belə toplantılar olmayıb". Əslində toplantılar Sietl şəhərinə təsir etmək məqsədi ilə təşkil edilməmişdi. Onlar vaizlərin gediş haqlarını toplamaq üçün təşkil edilmişdi. Sadə həqiqət budur!

Bazar ertəsi səhər mən təyyarə ilə növbəti toplantılarım üçün Sietldən Atlantaya uçurdum. Təyyarə fikirləşmək üçün ən yaxşı yerlərdən biridir. Telefon zəng çalmır, adamlar sizi narahat etmir, yerinizdə öz fikirlərinizlə qalırsınız. Öz-özümə deməyə başladım: "Qəribə deyilmi? Şəhərə təsir etmək məqsədi ilə təşkil olunmamış toplantılar bu məqsədlə keçirilən toplantılardan daha çox təsir göstərdi". O anda Rəbb mənimlə çox aydın və sakitcə danışmağa başladı və dedi: "İndi mənə bunu de: Mənə kiminlə daha çətin idi? Nineva şəhərinin sakinləri ilə, yoxsa Yunusla?" Mən bir müd-dət fikirləşib dedim: "Rəbb, Yunusu düz yola gətirəndən sonra Nineva əhalisi ilə problem olmadı". O dedi: "Vaizləri düz yola gətirəndən sonra şəhər əhalisi ilə problemim olmur!"

Mən sizə bu hekayəni danışıram, çünki özüm də vaizəm. Rəbb demədi: "O vaizləri düz yola gətirəndən sonra…" Rəbb dedi: "Va-izləri düz yola gətirəndən sonra…" Yəni bu, mənə da aiddir; və mən bunu başa düşdüm.

Atlantaya çatandan sonra Rəbb bu istiqamətdə məni aparmağa davam etdi. Toplantılar qaldığım mehmanxanada keçirdi; mən bir otaqda iki toplantı arasında istirahət edirdim. Aşkar etdim ki, fikirlərimiz həddindən artıq aktiv olmayanda, Allah daha asanlıqla diqqətimizi cəlb edə bilir. Mən o vəziyyətdə orada uzananda bir sıra söz fikrimə gəldi; bunlar əsasən yer adları idi. Onlar mənə çox aydın idi, sanki gözlərim önündə divarda çap edilmişdi. Sözlər bunlar idi: "Keritdən Sarfata; Sarfatdan Karmelə; Karmeldən Xorevə; Xorevdən isə bir çoxlarının həyatına". Mən kifayət qədər Müqəddəs Yazını bilirdim və dərhal bu sözlərin İlyasın xidmətdə getdiyi yolu təmsil etdiyini bildim: Keritdən Sarfata, Karmeldən Xorevə.

Sonra mən təfsilatları salmağa başladım və çox aşkar şəkildə gördüm ki, İlyasın xidmətinin əsl kulminasiya anı Karmel Dağında olub. O, məhz orada bütün İsraili topladı; o, orada 850 yalançı peyğəmbərə qarşı çıxdı; o, orada səmadan od endirdi və bütün İsraili səcdə edərək "Rəbb Allahdır! Rəbb Allahdır!" nida etdiyini gördü. İlyasın Karmel dağında şəxsi, fərdi qələbəsi hələ heç bir şəxsdə olmayıb.

Bir neçə gün sonra isə İlyas cadugər qadın İzeveldən qaçıb getdi və Allahdan ölüm dilədi. Karmel dağındakı qələbə necə də qısa və müvəqqəti idi! Sonra fikirləşdim: Allah İlyasın duasına cavab verib onun həyatına son qoysaydı, İlyas xidmətini tamamlamadan, özündən sonra bir davamçı qoymadan öləcəkdi. Onun işini davam etdirən və tamamlayan bir kəs olmayacaqdı. Ancaq nəhayət, o, Xorevə çatanda və Allah ilə üz-üzə danışanda Allahın planını eşitdi və bu, İlyasın planından tam fərqli idi.

Allah dedi: "İlyas, sən burada nə edirsən?" İlyas "Mən Rəbb üçün çox səy göstərdim..." dedi və bütün işlərini, nailiyyətlərinin sadalamağa başladı. Rəbb dedi: "Bu barədə bilirəm, İlyas. Bəs sən burada nə edirsən?" İlyas Rəbbə bütün işləri barədə danışıb qurtarandan sonra Rəbb İlyasa növbəti tapşırığı verib dedi: "Üç nəfəri məsh etməyini istəyirəm: Elişanı öz yerinə peyğəmbərliyə; Xazaeli Aram (Suriya) üzərində padşahlığa; Yehunu İsrail üzərində padşahlığa". Əgər siz Padşahlar Kitablarında sonrakı fəsilləri oxusanız, bu üç nəfərin Allahın İlyasa tapşırdığını yerinə yetirəcəyini görəcəksiniz. Nəticədə heç bir tamamlanmamış iş qalmadı. İlyas özü işi tamamlaya bilmədi, lakin davamçılarını tapıb işi onlara ötürdü.

Bütün bunlar barədə fikirləşəndə anladım ki, Allah bilavasitə mənimlə danışır. O, qarşımda iki seçimi mənə göstərirdi. Bir tərəfdən, mən öz işlərimi, öz xidmətimi davam etdirə bilərdim, bacardığım qədər Allahın mənə verdiyi imandan və gücdən istifadə edərək müəyyən qədər şəxsi qələbələr çala bilərdim. Ancaq bu halda mənim işimi davam edən şəxs və xidmətimin uzun müddət davam edən səmərəsi olmazdı. Digər tərəfdən, Allah mənə başqa yolu da göstərdi: şöhrətpərəst olma, öz xidmətini inkişaf etdirmə, öz işini etmə – başqalarının həyatına sərmayə qoy. Şərəfi qəbul etməyə onlara imkan ver, qoy kənara çəkilməli olduğunuz yerdə onlar rəhbər olsun. Onlara özünüzdən daha çox müvəffəqiyyətli olmağa imkan verin.

Mən həmişə müəyyən mənada müvəffəqiyyətli şəxs olmuşam. Mən öyünmürəm, ancaq on iki yaşımdan etibarən mən başçı, məktəbin kapitanı, universitetdə ən gənc tələbə, baş elmi işçi və s. Müvəffəqiyyətli olmaq artıq düşüncə tərzim idi. Ancaq Allah mənə müvəffəqiyyətin daha yüksək standartını göstərdi. Əlində saxladığın o balaca buğda dənəsinə torpağa düşüb ölməyə imkan ver. Nəticələrə görə Allah Özü cavabdehdir. İcazə verin bunu da deyim: bəlkə də mən ən azad insanam, çünki mən əlimdə olanı buraxmışam və Allaha imkan vermişəm. Əgər mən daha bir cini çıxara bilməyəcəyəmsə, fərq etməz. Allah bunu etməyimi istəmirsə, mən balacası ilə də qane oluram. Daha bir seminarda rəhbərlik etməsəm, daha bir kitabı yazmasam – buna etiraz etmirəm. Allah məni ictimaiyyatın diqqətindən yox olmağa istiqamətləndirsə, mən razıyam, çünki bilirəm: zəhmətimin bəhrəsi olacaq. Mən hətta nəyə malik olduğumu da bilmirəm; mən bunu bilməməliyəm. Ancaq məndə olanı mən vermək istəyirəm; mən bunun torpağa düşməsini istəyirəm. Nəticədə mən çox, çox xoşbəxtəm. Həqiqətən mən azadam. Mən azadlıqda hərəkət etməyin nə olduğunu bilirəm, azadlıq barədə vəz etməyin nə olduğunu bilirəm, ancaq ən yaxşı şey azad olmaqdır. Allah qarşısında da bütün səmimilikdə deyə bilərəm: "Mən azadam!"

7

BURAXMAQ

Bir müddət əvvəl Müqəddəs Yazıda müxtəlif yerlərdə istifadə edilən "sirr" sözü məni çox maraqlandırırdı.

Məsələn, 1Kor.2:7-də Paul deyir: "Biz Allahdan gələn *sirli müdrikliyi öyrədirik*". Beləliklə, Allahın sirli müdrikliyi var; bu, əksər adamlardan gizli olan bir şeydir. Mənə gəldikdə, mən o sirri, gizli müdrikliyi əldə etməyi çox istəyirəm! Sonra Davud Zəbur 51:6-da deyir:

"Sənsə ürəkdə düzlüyün olmasını istəyirsən; mənə daxilən hikmət öyrət".

Fikir verin: "daxiilən hikmət". Ola bilsin ki, Paul 1Kor.2:7-də buna istinad edir.

Bunların hamısında mənim üçün xüsusilə cazibədar bir şey var: sirr olan yer, sirr olan hikmət, sirr olan bilik. Ancaq bizim üçün bir şərt var. Əgər bir şey sirdirsə, bu gizlidir, gözdən kənardadır. Beləliklə, əgər biz o gizli yerdə olmaq və sirli hikməti tapmaq istəyiriksə, özümüz də gizli olmağı arzulamalıyıq. Bizim öz şəxsiyyətimiz, öz şöhrətimiz, öz xudbinliyimiz buna mane olacaq. Biz onları buraxmalıyıq, onlara torpağa düşüb ölməyə imkan verməliyik.

Bir anlıq İsanın həyatı haqqında fikirləşin. Adam kimi təcəssümündən etibarən, O, otuz il mükəmməl ailə həyatını yaşadı, üç il yarım ictimaiyyata xidmət etdi, təxminən 2000 ildir ki, vəsatət edir. Siz bu proporsiyaya hazırsınızmı? Böyük təsirə malik olmaq istəyirsiniz? Allah üçün dünyanı idarə edən adamlar vəsatətçidirlər və onlardan çoxunu ictimaiyyat heç tanınmır. Siz sağollaşıb getmək istəyirsinizmi?

Axırıncı dəfə İsa Özünü dünyaya necə göstərdi? Çarmıxda. Sonra O, yenidən görünəndə nə etdi? Şagirdlərinə xidmət etdi. O, torpağa getdi, öldü və bar verdi. Siz bunu etməyə hazırsınızmı? Mən bunu etməyə hazırammı? Öz İshaqınızdan möhkəm tutmusunuzmu? Siz deyirsiniz: "Allah, Sən bunu mənə verdin, bu mənimdir". Allah deyir: "Bunu qaytar. Bunu qurbangaha qoy. Bıçağı götür. Əgər sən bunu Mənim dediyim kimi, Mənim vaxtımda Mənə versən, Özüm biləndə Mən buna dərrakəndən və düşüncəndən üstün olan qədər xeyir-dua verəcəyəm".

Bir neçə il bundan əvvəl mən Rəbbə dedim ki, bir daha sadə vəzlər etməyəcəyəm: vəzdən sonra adamlara həqiqəti tətbiq etməyə imkan yaradacağam. Hiss edirəm ki, mən bunu etməliyəm. Mən heç kimə təzyiq göstərməyəcəyəm, ancaq heç kim öz İshaqından möhkəm tutmamalıdır. "Ey Allah, bu mənimdir! Mən bunu qurmuşam, mən bunu təşkil etmişəm". Bəlkə sizin İshaq möhkəm tutduğunuz övladınızdır. Allah deyir: "Onu buraxaraq Mənə imkan verərsənmi?" Bəlkə bu, bir ənamdır, bir xidmətdir və ya xüsusi bir vəziyyətdir. Allah sizin ürəyinizə həqiqətən danışdısa, mən sizi ruhlandırıram: öz İshaqınızı gətirib qurbangaha qoyun.

Siz bu sadə sözlərlə Allaha dua edə bilərsiniz:

Əziz Rəbb,

Sən bilirsən ki, mən son vaxtlar bədbəxt və gərginəm, çünki mən öz iradəmi müdafiə etmişəm və Sənin mənə verdiyini özümünkü hesab etmişəm. Bu _____ (adını özünüz deyin: xidmətiniz, xüsusi bir adam, ənam və s.).

Mən dua edirəm ki, Öz Müqəddəs Ruhunla Sən mənə lütf verəsən və mən bunu buraxım. Bunu buraxandan sonra nəticələri Sənə etibar edirəm. İsanın adı ilə.

Amin.

MÜƏLLİF HAQQINDA

Derek Prins (1915-2003) Hindistanda britaniyalı ailədə doğuldu. O, İngiltərədə Eton Kollecində və Kembricin King's Kollecində yunan və latın dilləri üzrə təhsil alıb alim oldu; King's Kollecində Qədim və Müasir Fəlsəfə üzrə dərnəyə rəhbərlik edirdi. Prins Kembricdə və Yerusəlimdə İbrani Universitetində İbrani, Arami, həmçinin müasir dilləri öyrənib. Tələbə ikən o, filosof olub və özünü aqnostik elan edib.

II Dünya müharibəsi ərzində Britaniya Tibb Korporasiyalarında olarkən Prins fəlsəfi iş kimi Müqəddəs Kitabı oxumağa başladı. İsa Məsihlə möhtəşəm görüşü nəticəsində imana gəldi, bir neçə gün sonra Müqəddəs Ruhla vəftiz olundu. Bu görüşdən o, iki nəticə çıxartdı: İsa Məsih sağdır və Müqəddəs Kitab həqiqi, bizə aid müasir kitabdır. Bu nəticələr onun həyatının gedişini tam dəyişdi. O, sonrakı həyatını Allahın Kəlamı olan Müqəddəs Kitabı öyrənməyə və öyrətməyə həsr etdi.

1945-ci ildə Yerusəlimdə ordudan tərxis olunandan sonra o, oradakı uşaq evinin banisi olan Lidiya Kristenslə evləndi. Evlənən kimi o, Lidiyanın övladlığa götürdüyü altı Yəhudi, bir Fələstin ərəbi və bir ingilis uşaqlarının – səkkiz qızın atası oldu. Birlikdə ikən, ailə 1948-ci ildə İsrail dövlətinin bərpa olunmasına şahid oldular. 1950-ci illərin sonunda Prins Keniyada pedaqoji məktəbin rəhbəri vəzifəsində xidmət edərkən ailə daha bir qızı övladlığa götürdü.

1963-cü ildə Prins Birləşmiş Ştatlara köçdü və Sietlda bir kilsədə pastorluq etdi. 1973-cü ildə Prins "Amerika Vəsatətçiləri"nin banilərindən biri oldu. Onun *"Dua və oruc vasitəsilə tarixi dəyişmək"* kitabı bütün dünya məsihçilərini öz hökumətləri üçün dua etmək məsuliyyətinə oyatmışdır. Bir çoxları bu kitabın gizli tərcümələrini SSRİ-də, Şərqi Almaniyada və Çexoslovakiyada kommunist rejimini dağıdan alət hesab edir.

Lidiya Prins 1975-ci ildə vəfat etdi, 1978-ci ildə Prins üç uşağı övladlığa götürmüş tənha ana Ruz Beykerlə evləndi. Birinci həyat yoldaşı kimi, ikinci həyat yoldaşı ilə də o, Yerusəlimdə Rəbbə xidmət edərkən görüşdü. Ruz 1981-ci ildən yaşadıqları Yerusəlim şəhərində 1998-ci ilin dekabr ayında vəfat etdi.

2003-cü ildə səksən səkkiz yaşında vəfat etməzdən bir neçə il əvvəl Prins Allahın ona etibar etdiyi xidməti inadla davam edərək dünyaya səyahət etdi, Allahın açıqladığı həqiqətlərlə bölüşdü, xəstə və əzab çəkənlər üçün dua etdi, Müqəddəs Kitaba əsaslanan peyğəmbərliklərlə dünyada baş verən hadisələrlə bölüşdü. Beynəlxalq səviyyədə Müqəddəs Kitab alimi, ruhani patriarx kimi tanınan Derek altmış ildən çox altı qitəni əhatə edən təlim xidmətini qurdu. O, əllidən çox kitabın, altı yüz audio dərsliyin və yüz video dərsliyin müəllifidir; bunların çoxu yüzdən çox dilə tərcümə olunaraq nəşr edilmişdir. O, nəsilliklə lənət, Müqəddəs Kitabda İsrailin əhəmiyyəti və demonologiya kimi belə innovasiya mövzularının tədrisində aparıcılıq edib.

1979-cu ildə başlamış Prinsin radio verilişi təxminən iyirmi dilə tərcümə edilmişdir və həyatlara toxunmağa davam edir. Aydın və sadə yolla Müqəddəs Kitabı və onun təlimlərini izah etməkdən ibarət olan Derekin əsas ənamı milyonlarla insanlara iman təməlini qurmağa kömək etmişdir. Məzhəb və təriqətdən üstün olan yanaşması onun təlimini bütün irq və dindən olan adamlar üçün həm münasib, həm də faydalı etmişdir; yer kürəsi əhalisinin yarısından çoxu onun təlimi ilə tanışdır.

O, 2002-ci ildə dedi: «Arzu edirəm və əminəm, Rəbb də bunu arzu edir, bu Xidmət, Allahın altmış il əvvəl mənim vasitəmlə başladığı iş İsanın qayıdacağı günə qədər davam etsin».

Derek Prins Xidməti əsasən Avstraliya, Kanada, Çin, Fransa, Almaniya, Niderland, Yeni Zelandiya, Norveç, Rusiya, Cənubi Afrika, İsveçrə, Birləşmiş Padşahlıq və Birləşmiş Ştatlar kimi ölkələrdə və ümumiyyətlə, dünyada fəaliyyət göstərən qırx beşdən çox Derek Prins ofisi vasitəsilə Prinsin təlimlərini yaymağa, missionerləri, imanlı cəmiyyət liderlərini və cəmiyyətləri öyrətməyə davam edir. Bu və beynəlxalq ofislər barədə məlumatı www.derekprince.com saytında əldə edə bilərsiniz.